语文练习册

第一章

弟子规

一、总叙

1.《弟子规》的作者是谁？

2. 请解释"弟子规"的含义。

3.《弟子规》分为哪几个部分？

4. 请简单解释"入则孝，出则弟"。

5. 请简单解释"首孝悌，次谨信"。

6. 请简单解释"泛爱众，而亲仁"。

二、入则孝

1. "父母命，行勿懒"告诉我们应如何对待父母的要求？

2. "父母责，须顺承"告诉我们应如何对待父母的责备？

3. 请解释“冬则温，夏则凊”，并说明随着外在天气环境的变化，我们应该怎样照顾父母。

4. “晨则省，昏则定”告诉我们早晚应该如何关心和孝顺父母？为什么要这样做？

5. “出必告，反必面”告诉我们，作为子女，出门、回家时应如何对待父母？这样做有何必要？

6. “居有常，业无变”告诉我们居所和事业应该处在一个什么状态？

7. 我们应该怎样对待父母所喜欢的事和所讨厌的事？我们又应该怎么对待自己的学业？

8. 看见父母吵架、酗酒、做违法乱纪的事，通过“亲有过，谏使更”你了解到自己应该怎么办？在规劝父母亲的时候，应该用什么样的态度？

9. 清明祭祀祖先有没有必要？祭祀时态度应该如何？

三、出则弟

1. “兄道友，弟道恭”告诉我们兄弟之间应该如何相处？

2. 兄弟姐妹之间和睦算孝行吗？为什么？

3. 能否为了钱财，比如玩具、漫画书、食物等，和兄弟姐妹起争执吗？

4. 我们跟随父母去参加宴会时会遇到很多长辈，在走路、就座、吃东西的时候，应该如何对待长辈们？

5. 师长叫一个人时，如果他不在旁边，你应该怎么做？对于尊长，能否直呼其名？

四、谨

1. 平时应怎样讲究个人卫生及仪表穿着？

2. 我们放置日常用具，比如衣帽等，应该养成什么样的习惯？

3. “步从容，立端正，揖深圆，拜恭敬”告诉我们走路行礼的时候在姿势上应该注意什么？

4. 为什么说拿空器具的时候要像拿装满东西的器具一样呢？

5. 请解释“用人物，须明求，倘不问，即为偷。借人物，及时还，后有急，借不难”。

五、信

1. 怎样看待别人的缺点和不足？

2. 请解释“唯德学，唯才艺，不如人，当自砺”。

3. 什么是损友？什么是益友？

4. 对待自己所犯的过错，我们是应该掩饰还是改过自新呢？

5. 请解释“过能改，归于无，倘掩饰，增一辜”。

六、泛爱众

1. 为什么我们要爱一切生命？我们应如何对待小动物？

2. 与他人的恩恩怨怨，应当怎样正确对待？

3. 怎样对待他人的短处和隐私？

4. 请解释“已有能，勿自私；人所能，勿轻訾。勿谄富，勿骄贫，勿厌故，勿喜新”。

七、亲仁

1. 仁者在语言和表情上有什么特点？

2. 接近有德行的人，会使我们发生什么变化？

3. 不接近有德行的人，会使我们发生什么变化？

八、余力学文

1. 品德和才学的关系如何？谁更重要一些？为什么？

2. 在读书学习的时候，要做到哪“三到”？

3. 请解释“宽为限，紧用功，工夫到，滞塞通”。

第二章

有趣的汉字

第一节　汉字——中华文明的历史丰碑

1. **给下列加点的字注音。**

载体（　　）　记载（　　）　大篆（　　）　隶书（　　）　行书（　　）

楷书（　　）　嬗变（　　）　描摹（　　）　豢养（　　）　迄今（　　）

2. **词语解释。**

（1）层峦叠嶂：

（2）茹毛饮血：

（3）穴居野处：

（4）迥然不同：

3. **填空。**

（1）汉字是世界上历史____________的文字之一，而且是当今世界上仅有的仍在通行使用的____________的一种文字。

（2）文字是文化的载体，是一个民族的____________与____________得以延续的主要手段，多亏了____________，中华文明才得以绵延不断地发展下来。

（3）自孔子以来的历代思想家、教育家解释“仁”字都强调“____________________”“____________________”，一个“仁”字也就成了统治中国人头脑数千年之久的儒学思想的核心。

（4）文字不但是____________________________系统，而且也是一个民族的________________和________________的核心内容。

（5）中国的汉字，古老而精深，历久而弥新。它是一座见证______________________、传承________________的历史丰碑，是一个________________、________________、青春永驻的文化精灵。

4. 举例说明中国汉字的特征。

第二节　汉字的起源

1. 给下列加点的字注音。

仓颉（　　）　发掘（　　）　雕塑（　　）　墓葬（　　）　马鬣（　　）

抽象（　　）　陷阱（　　）　假借（　　）　转注（　　）　酿酒（　　）

2. 词语解释。

（1）象形字：

（2）指示字：

（3）会意字：

（4）形声字：

3. 请指出下列汉字属于哪一类种字法。

月（　　）　鱼（　　）　本（　　）　料（　　）　江（　　）　锦（　　）

宝（　　）　皿（　　）　牙（　　）　四（　　）　水（　　）　火（　　）

末（　　）　凶（　　）　七（　　）　戍（　　）　挚（　　）　想（　　）

酒（　　）　胜（　　）　解（　　）

4. 试写出至少三个以上的象形字、指示字、会意字、形声字。

第三节　字理举例

1. 根据所学知识举例说明汉字再造字的作意符与作音符之意。

2. 说一说你对中国汉字知识的理解。

第二章

记叙文

一、我的母亲

1. 给下列各句中加点的字注音。

（1）她们浇花，我也张罗着取水；她们扫地，我就撮（　　）土……

（2）从私塾到小学，到中学，我经历过起码有廿（　　）位老师吧……

（3）……因为自父亲死后，家中一切的事情都是母亲和三姐共同撑（　　）持的。

（4）北平又像庚子那年似的被鬼子占据了，可是母亲日夜惦（　　）念的幼子却跑到西南来。

2. 联系上下文，品读下列句子中加点的词语。

（1）在我的记忆中，她的手终年是鲜红微肿的。

她终年没有休息，可是在忙碌中她还把院子屋中收拾得清清爽爽。

（作者为什么在文中强调“终年”?）

（2）从这里，我学得了爱花，爱清洁，守秩序。这些习惯至今还被我保存着。

（“这里”具体是指哪里?“这些习惯”指的是哪些习惯?）

（3）我怕，怕，怕家信中带来不好的消息，告诉我已是失了根的花草。

（为什么连用三个“怕”?“失了根的花草”用了哪一种修辞方法?“失了根的花草”在文中的意思是什么?）

3. **简答。**

（1）课文围绕母亲主要写了哪几件事？从这些事情中可以看出母亲的哪些性格？

（2）结合课文中作者即事抒情的语句，说一说作者从母亲的身上获得了哪些为人处世的启示。

（3）文章的最后一段写道："生命是母亲给我的。我之能长大成人，是母亲的血汗灌养的。我之能成为一个不十分坏的人，是母亲感化的。我的性格、习惯，是母亲传给的。"联系全文，结合自己的成长过程，说说你对这几句话的理解。

4. **在整体感知课文的基础上，精读课文第十三自然段，说说下列各句中加点词语表现了母亲什么样的思想感情。**

（1）母亲作了半个月的难，把这巨款筹到，而后含泪把我送出门去。

（2）当我由师范毕业，而被派为小学校长，母亲与我都一夜不曾合眼。我只说了句："以后，您可以歇一歇了！"她的回答只有一串串的眼泪。

（3）可是，她挣扎着，咬着嘴唇，手扶着门框，看花轿徐徐地走去。

（4）除夕，我请了两个小时的假，由拥挤不堪的街市回到清炉冷灶的家中。母亲笑了。及至听说我还须回校，她愣住了。半天，她才叹出一口气来。到我该走的时候，她递给我一些花生，"去吧，小子！"

二、我的空中楼阁

1. 给带点的字注音。

眉黛（　　）　宁谧（　　）　芍（　　）药　幢（　　）　婀娜（　　）

缥缈（　　）　绚（　　）烂　骋（　　）　憩（　　）　逊（　　）

2. 解释下列词语。

清健：

挺拔：

婀娜：

翩然：

阡陌：

宁谧：

缥缈：

憩：

3. 仔细阅读课文，回答下列问题。

（1）“山如眉黛，小屋恰似眉梢的痣一点。”通过比喻，写出了山优美的______，生动地点明小屋的______和小屋的小。

（2）把小屋比作“痣一点”，显得小屋____________________。平常说“一点痣”，这儿说的“痣一点”，给人的感觉是____。

（3）“十分清新，十分自然，我的小屋玲珑地立于山脊一个柔和的角度上。”这一句还是写小屋的____________________，并且写出了小屋的______________。“十分清新，十分自然”的主语是“__________________________”，放在主语前面，是为了强调“___________”和“___________”。

（4）“世界上有很多已经很美的东西，还需要一些点缀，山也是。”这一句在文中起到了______________________的作用。

（5）“山上有了小屋，好比……”此句连用了____个比喻，修辞学上称为__________。

（6）“一望无际的水面”，我们可以想象为一幅画，如果没有“一片风帆”，景色是多么______________________；有了“一片风帆”，就不纯粹是自然风光了，乘风破浪，扬帆远航，多么______________________。

（7）“论‘领土’，只有有限的一点”，“论‘领空’，却又是无限的”；“这条小路是我袖珍型的花园的大道”；“这个无限的‘领空’，是我开放性的院子”。这里，“领土”“领空”“袖珍型”“开放性”等词有共同的特点。它们本来是在某一特定范围使用的__________，现用于日常生活描写中，令人感到______________、______________，修辞学上称这种修辞手法为__________________。

（8）“足以举目千里，足以俯仰天地”是______句式；“左顾有山外青山，右盼有绿野阡陌”是___________。这些句子都很整齐，与长长短短的白话句子穿插使用，更显得俊逸潇洒，表明作者追求文字的优美，很讲究句式的用法。

（9）“有形的围墙围住一些花，有紫藤、月季、喇叭花、圣诞红之类”是记叙、写实。“天地相连的那一道弧线，是另一重无形的围墙，也围住了一些花，那些花有朵状，有片状，有红，有白，有绚烂，也有飘落”是＿＿＿＿＿＿，绘声绘色；是＿＿＿＿＿，把云霞比作花；不是写实，而是表现作者个人的感受，赞美小屋“领空”无限，四周景色优美，令人感到赏心＿＿＿＿，心旷＿＿＿＿。

（10）第十四自然段的主要表达方式是＿＿＿＿＿＿＿＿＿＿＿＿＿＿＿＿＿＿＿＿。

4. **简答。**

（1）写景的文章，就观察点而言，最常见的是移步换景，即作者以空间位置的变动为顺序将所见到的不同景色依次写来。也有立足点不变，或仰视或俯瞰，或远眺或近观，按高低远近的次序写来。本文则又是一种，从不同位置来观察同一景物——小屋。

请你具体说说，作者在描绘小屋时观察点有何变化。

（2）怎样理解文章的题目“我的空中楼阁”？

5. **仔细阅读下列句子，并简要回答问题。**

（1）“山上有一片纯绿色的无花树”。作者为什么要说“无花树”？

（2）“小屋在山的怀抱中，犹如在花蕾中一般，慢慢地花蕾绽开了一些，好像层山后退了一些。”句中比喻的本体、喻体有何特殊之处？

（3）“树的美在于姿势的清健或挺拔、苗条或婀娜，在于活力，在于精神！”作者在怎样欣赏树的美？

6. **写作训练。**

写一篇以景抒情的文章。注意根据观察点的不同安排记叙顺序。供参考的题目有：

（1）漫步在……；

（2）××街即景；
（3）乡间的小路；
（4）秋日黄昏。

三、小小说两篇

1. 阅读课文，回答下列问题。

（1）请用简洁的语言概括《永远的蝴蝶》的情节内容。

（2）在《永远的蝴蝶》中，有一种事物一直在变化着，是什么？

（3）《永远的蝴蝶》以“雨”开篇，并以“雨”贯穿全文，这样写有什么作用？文中写溅到眼镜上的“雨点”，开始时是“小雨点”，之后为什么变成“更大的雨点”了？

（4）《妈嫂》中的嫂子为什么“要嫁到我们这个穷家来”？

（5）《永远的蝴蝶》和《妈嫂》在语言风格上有较大的差异。你能说说它们各自的语言特点吗？

2. 下面说法中哪两项是错误的？

A.《永远的蝴蝶》中三次写到“站在骑楼下”，作用是显示“我”思绪的流程和层次。
B.《永远的蝴蝶》中最能够表露“我”悔恨的一句话是“为什么呢？只带一把雨伞？”
C.“虽然是春天，好像已是秋深了”表现了“我”失去恋人的痛苦、凄凉的心境。
D. 把樱子比喻成蝴蝶有两个原因：一是飞的动作，二是樱子长得像蝴蝶一样的外貌。

E. 小说的题目叫“永远的蝴蝶”，就是说蝴蝶是永恒的，“我”爱蝴蝶，“我”也爱樱子。

F.《永远的蝴蝶》最后交代给母亲的信的内容，增加了小说的悲剧色彩。

3. **简答**。

(1) 仔细体味下面这段话，想想作者要传达的是什么信息，并写出加点词语的含义。

其实雨下得并不大，却是我一生一世中最大的一场雨。而那封信是这样写的，年轻的樱子知不知道呢？

妈：我打算下个月和樱子结婚。

(2)《妈嫂》虽然短小，故事情节的时间跨度却长达十余年。请用简练的语言概括主要的故事情节，并说说这些情节是怎样表现“妈嫂”优良品格的。

第四章

说明文

一、景泰蓝的制作

1. 根据拼音填写汉字。

______（duàn）木　______（yòu）料　______（qiā）丝

______（dié）子　铁______（xiè）　铁______（zhēn）

铁______（chuí）　铁______（jiù）　重______（dié）

2. 选择“精细”“细微”“细致”“细密”这组同义词中的一个，填入下列句子的横线处，然后同课文对照，看看有无不同，进而体会作者用词的精当。

（1）咱们的手工艺品往往费大工夫，刺绣，刻丝，象牙雕刻，全都在______上显能耐。

（2）且不说自在画怎么生动美妙，图案画怎么工整______，图案怎么工整细致……

（3）小块面积小，无论热胀冷缩都比较______，又比较禁得住外力……

（4）这（掐丝）是一种非常______的工作。

3. 写出本文的段落提纲（全文共十七个自然段，分成三大段落）。

第一段（第__自然段）：____

____。

第二段（第__至__自然段）：____

____。

（1）第一道工序（第__至__自然段）：制胎。

（2）第二道工序（第__至__自然段）：______________。

（3）第三道工序（第__至__自然段）：______________。

（4）第四道工序（第__自然段）：______________。

（5）第五道工序（第__自然段）：______________。

（6）第六道工序（第__自然段）：______________。

第三段（第__自然段）：____

____。

4. 回答下列问题。

（1）作者在介绍景泰蓝的制作过程中，始终抓住什么特征来写？为什么要这样写？

____

____

____

____

（2）在介绍景泰蓝的制作过程中，本文用了许多衔接各道工序的说明性语句，试从课文中找出来，并说明它们所起的作用。

____

____

____

____

____

5. 填空。

（1）说明景泰蓝的制作有详有略，其中详写了________和________这两道工序，其理由有下面的第（　　　）项。

① 说明事物必须抓住其特征，而这两道工序最能体现景泰蓝制作所具有的繁复精细、工艺要求高和手工操作这一特点，所以要详写。

② 说明事物要有主次，从制作景泰蓝的全过程来看，这两道工序是主要的，其余的是无关紧要的，因此要详写。

③ 说明事物必须突出重点，而这两道工序是决定景泰蓝技术水平和艺术水平价值的关键工序，因此要详写。

④ 写说明文必须有的放矢，读者了解的就少说，读者不清楚的就多写，而这两道工序是读者所不熟悉的，所以要详写。

6. 认真阅读下面文字，并回答问题。

第二步工作叫掐丝，就是拿扁铜丝（横断面是长方形的）粘在铜胎表面上①。这是一种非常精细的工作。掐丝工人心里有谱，不用在铜胎上打稿，就能自由自在地粘成图画。譬如粘一棵柳树吧，干和枝的每条线条该多长，该怎么弯曲，他们能把铜丝恰如其分地剪好曲好，然后用钳子夹着，在极稠的白芨浆里蘸一下，粘到铜胎上去②。柳树的每个枝子上长着好些叶子，每片叶子两笔，像一个左括号和一个右括号③，那太细小了，可是他们也要细磨细琢地粘上去。他们简直是在刺绣④，不过是绣在铜胎上而不是绣在缎子上，用的是铜丝而不是丝线、绒线⑤。

（1）这段文字综合运用了多种说明方法。在以下横线上写出段中画线句子运用的说明方法，然后体会综合运用多种说明方法的好处。

①____________；②____________；③____________；④____________；⑤____________。

(2) 介绍说明掐丝过程时用了哪几个动词？请依次写出来：________、________、________、________、________。

(3) 掐丝这一工序的主要特点是（　　）。

① 用扁铜丝自由地粘成图画

② 全靠手工操作

③ 掐丝工人必须有绘画才能

④ 工序非常繁复精细，既有技术性又有艺术性

7. 对文章第十自然段至第十三自然段的内容有如下的概括，其中哪几项是准确的？

① 解释了“景泰蓝”名称的由来，用作色料的原料及产地、色料的研磨和填色的次数。

② 解释了什么叫点蓝，色料的基本质料、色料的研制和填色料的方法。

③ 解释了为什么把涂色料的工作叫作“点蓝”，以及“景泰蓝”名称的由来，说明色料的原料、研制方法和如何填色。

④ 为什么涂色料和为什么叫景泰蓝，介绍了色料的原料及研制方法和填色料的方法。

二、中国，水的困惑

1. 给带点的字注音。

频繁（　）	储量（　）	埋藏（　）	包裹（　）	叠加（　）
土壤（　）	蓄水（　）	污染（　）	灌溉（　）	渗漏（　）

2. 填空。

(1) 没有水就没有生命，没有水就没有________地球，因此水是地球的________。

(2) 中国人均占有水量不足________立方米，是世界人均水量的________，美国的________，印度的________，加拿大的1/50。

(3) 我国成为“贫水国”的另一个原因是长期以来我国对水资源________地开发，以及我国________的不足。

(4) 有一位先人曾说过，“往往在水井干枯了的时候，我们才真正懂得了________________。”

3. 阅读思考。

(1) 说说课文中的三个小标题有什么特点，小标题中的引号起什么作用。

____

____

____

____

____

____

____

（2）中国水资源居世界第六位，但又是一个贫水国。课文是从哪几方面来说明这个问题的？

（3）我国走出“贫水国”行列的主要方法可用“开源”“节流”来表述。文中“开源”的方法有哪些？“节流”的方法又有哪些？

4. **能力训练。**

（1）《中国，水的困惑》中的“困惑”一词本来的含义是什么？结合课文的内容谈谈你对这个题目的理解。

（2）在说明中国水问题的过程中，作者主要运用了哪些说明方法？从课文中各找出一例，说说这些说明方法的作用。

（3）课文最后一段说：“我们现在懂得了水的价值了么？为了不再因缺水而困惑，不再因缺水而付出昂贵的代价，不再因缺水而影响人类文明大踏步地向前，我们应该怎么做呢？答案是清楚的。”你认为这个答案是什么？上讲台，就这个话题谈谈你的见解。

第五章

议论文

一、读书人是幸福人

1. 根据要求，完成下列题目。

（1）联系上下文，下列对“浩瀚”一词解释最符合文义的一项是（　　）。

A. 广大繁茂　　B. 浩浩荡荡　　C. 盛大广阔　　D. 广大辽阔

（2）对“饱览”一词在文中的意思解释最恰当的一项是（　　）。

A. 同“包揽”　　B. 比喻“吃得很饱，很痛快”

C. 尽情地观赏　　D. 充分品尝

（3）对“往哲先贤”中“哲”的解释正确的一项是（　　）。

A. 有智慧的人　　B. 聪明的人

C. 考证历史的人　　D. 清楚明白事理的人

（4）对“睿智”中“睿”的读音和解释全都正确的一项是（　　）。

A. （ruì）聪明　　B. （jiǒng）明亮的

C. （ruì）看得深远　　D. （ruì）有智慧

2. 阅读第三自然段中从“人们从《论语》中学得智慧的思考”到“拜伦的诗句呼唤着奋斗的热情”的文字，完成下列题目。

（1）“人们从《论语》中学得智慧的思考，从《史记》中学得严肃的历史精神，从《正气歌》学得人格的刚烈，从马克思学得人世的激情，从鲁迅学得批判精神，从列夫·托尔斯泰学得道德的执著”中运用了________的修辞方法。

（2）请模仿“歌德的诗句刻写着睿智的人生，拜伦的诗句呼唤着奋斗的热情”的句式，另写两句。

____

____

（3）分号是用在复杂的句子里并列的小句子中间的标点符号。有人认为这段文字中的分号可以改为逗号，你同意这样的说法吗？说说你的理由。

____

____

3. 本文作者主要从两个方面来论述“读书人是幸福人”。下列选项中最能显现这两个方面的是哪一项？（　　）

A. 读书人是世间幸福人，因为他除了拥有现实的世界之外，还拥有另一个更为浩瀚也更为丰富的世界。

B. 阅读不仅使他多识了草木虫鱼之名，而且可以上溯远古下及未来，饱览存在的与非存在的奇风异俗。

C. 读书加惠于人们的不仅是知识的增广，而且还在于精神的感化与陶冶。

D. 在流传的书籍中，并非全是劝善之作，也有无价值的甚而有负面影响的。

4. 梳理全文的论证过程，尝试完成下面的结构提纲表。

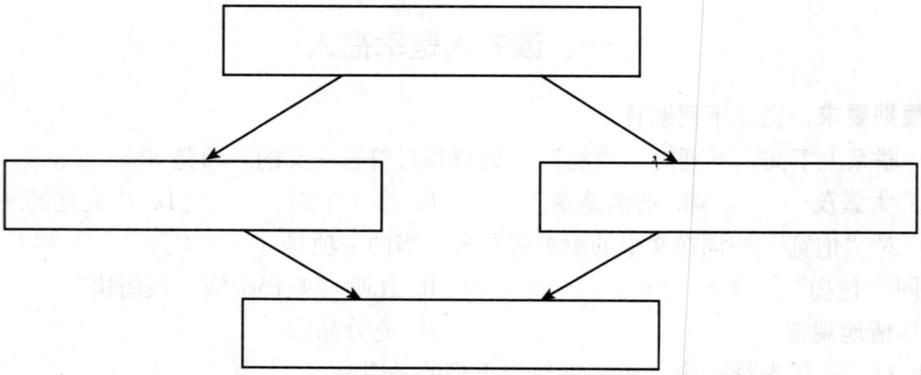

5. 简答。

文中有这么一句话：“然而，人们通过阅读，却能进入不同时空的诸多他人的世界。这样，具有阅读能力的人，无形间获得了超越有限生命的无限可能性。”试以自己的阅读经历为例，谈谈你对这句话的理解。

____

____

____

____

____

二、在困境中更要发愤求进

1. 根据下列词语中的拼音写出汉字，并且解释词语的意思。

（1）好高（wù）____远，意思是：____________________。

（2）（qiè）____而不舍，意思是：____________________。

（3）勤能补（zhuō）____，意思是：____________________。

2. 根据文章内容，完成下表。

作者的经历	用简洁的语言概述“劫难”的内容	文章的主旨
第一次“劫难”		
第二次“劫难”		
第三次“劫难”		

3. 请在下面两题中任选一题完成。

（1）作者在文中谈了四点自学的体会，其中哪一点对你最有帮助？为什么？

____

____

____

____

（2）“埋头苦干是第一，发白才知智叟呆。勤能补拙是良训，一分辛苦一分才。”请说说这四句话的意思，并且模仿其另写四句话。

____

____

第六章

应用文

第一节　一般应用文

一、条据

1. **阅读下文，回答问题。**

> 儿子：
>
> 因单位有事，我要去单位一趟，大约两小时以后回来。饭菜在冰箱里，你自己拿出来用微波炉热一下再吃。
>
> 此致
>
> 敬礼
>
> 妈妈
>
> 即刻

（1）这是一张因为________而写的________________。

（2）文中主要写有______处错误，它们是____。

2. **情景写作。**

（1）李主任外出开会，办公室的张明接到了人事处张处长的来电，请李主任明天下午2点接待洪发设备厂的技术人员。请你代张明给李主任写一张电话留言条。

____

____

____

____

____

（2）张明从学校图书馆借到了2015年1～12期《读者》合订本一册，准备在一个月内归还，请写一个借条。

（3）张明在十天前向好友李丽借了500元钱，当时没有出具欠条，现要补一张欠条，并说明半年内归还。

（4）张明是某外贸公司会计，某丝织厂财务室送来面料加工承包款押金20 000元，请为其出具收条。

二、一般书信

1. **填空**。

（1）一般书信包括________、________、________三个部分。

（2）正文一般包括________、________、________三个部分。

（3）给长辈的祝颂语大多用____________________。

（4）给平辈的祝颂语大多用____________________。

（5）给晚辈的祝颂语大多用____________________。

2. **简答**。

在书信的写法上应注意哪些问题？

3. **情景写作**。

给父母写一封说明学习近况的家书，字数在400字左右。

三、求职信

1. **求职信写作**。

根据自己的专业，写一封应届毕业生的求职信。

2. **应聘信写作**。

李云是××财经学院会计专业的应届毕业生，昨日从《××日报》获悉××商业大厦将招聘会计三名。她准备前往应聘。请代她写一封应聘信。

四、证明信

孙昊换了一家新的工作单位后，新老板要他开具一封证明他在原工作单位××部门的表现及离职原因的证明信。如果你是原单位××部门的主管，你应怎样开具这封证明信？

五、申请书

1. **填空**。

（1）申请书是____所写的专用书信，带有________________的意思。

（2）专用书信的写法，要注意三点：________________________、________________________、________________________。

2. **能力训练**。

×××同学品学兼优。学校团委正在选拔团干部，×××同学有意进入校团委宣传部工作，请以×××同学的名义写一份入部申请书。

六、简历

1. 填空。

（1）简历是____所使用的一种文体。

（2）简历的体式有________________和________________两种。

（3）表格式简历主要包括________、________和________三大部分。

（4）行文式简历大体由________、________和________三部分组成。

2. 阅读思考。

“个人专长”一项在简历中占有重要的位置，它可以突出体现一个人在知识、技能、业务等方面的特长。请按照中专生的标准和要求，查找自身存在着的差距并写下来。

____

____

____

____

____

____

七、自我鉴定

1. 填空。

（1）自我鉴定的特点是：________________________，________________________，________________________。

（2）自我鉴定由________、________和________三部分组成。

（3）自我鉴定的正文由________、________、________和________四部分组成。

2. 写作练习。

改写下面的“毕业生自我鉴定”，使评语和结论更精练、概括。

毕业生自我鉴定

回顾大学四年，通过良师的教导和自身的刻苦学习，我已初步掌握如何运用英语知识进行一般商务活动，也养成了认真对待学习和工作的好习惯。

在思想品德上，本人有良好的道德修养，并有坚定的政治方向。我热爱祖国，热爱人民，坚决拥护共产党的领导和社会主义制度，遵纪守法，爱护公共财产，团结同学，乐于助人，并以务实求真的精神热心参与学校的公益宣传和爱国主义活动。

在学习上，我圆满地完成本专业的课程，并具备了较强的英语听、说、读、写能力，对

Office 办公软件和其他流行软件能熟练操作，并在因特网上开辟了自己的个人空间。平时我还涉猎了大量文学、心理、营销等课外知识，相信在以后理论与实际结合当中，能有更大的提高！

在生活上，我崇尚质朴的生活，并养成良好的生活习惯和正派的作风。此外，对时间观念性十分重视，由于平易近人待人友好，所以一直以来与人相处甚是融洽，敢于拼搏刻苦耐劳将伴随我迎接未来的新挑战。

在工作上，我通过加入学院通讯社与合唱团，不但锻炼自己的组织交际能力，还深刻地感受到团队合作的精神及凝聚力，更加认真负责对待团队任务，并以此为荣！

作为积极乐观的新时代青年，我不会因为自己的大专文凭而失去自信，反而我会更加迫切要求自己充实充实再充实，完善自我，实现我未来的目标，而且我相信：我一定能赢得精彩！

“良禽择木而栖，士为伯乐而荣”，勤奋的我将以不怕输的韧劲融入社会，愿借您的慧眼，开拓我的人生旅程。

王××

××××年××月××日

第二节　公务应用文

一、启事

1. **填空**。

（1）启事是____的应用文体。

（2）启事的特点有________、________________和________。

（3）启事一般由________、________和________三部分组成。

2. **能力训练**。

（1）你家邻居的女儿吴雪，在7月14日离开家后一直没有回来。她爸爸吴天福非常着急，请代吴雪的爸爸写一则寻人启事。吴雪的有关特征是：18岁，身高1.6米，瓜子脸，皮肤较白，眼睛大，气质高雅，穿浅红色连衣裙、白色皮凉鞋。爸爸吴天福在××市×××中学工作，手机号码是139××××××××。

（2）假设你的同学姚吉祥今天中午在学校餐厅吃饭时丢失了一个钱包，钱包里有身份证、餐卡、银行卡和若干现金。请代他写一则寻物启事。

（3）××报社经北京人才交流中心批准，招聘夜班编辑一名。具体条件如下：

① 男性，35 岁以下，本科毕业，有编辑工作经验者优先；

② 国家干部，有北京市户口，不需要住房；

③ 身体健康，至少连续从事夜班工作三年以上。

有意者需提供自荐信、学历、简介、发表过的作品。相关资料须于××××年 2 月 25 日前寄至《××日报》经济部（邮编 100044），并写清联系地址、电话。《××日报》将在收到材料后一周内通知面试时间。联系人：王××。

（4）指出下面失物招领启事的毛病，并根据其内容写一则符合要求的失物招领启事。

失物招领启事

昨天中午，我在学校食堂拾得黄色小票夹一个。票夹形状为长方形，内装有人民币壹拾伍元贰角（一张拾元的纸币，一张伍元的纸币，两枚一角的硬币）、饭票捌元伍角（贰元票四张，伍角票一张）、捌角邮票五张。请失主到电工三班找我领取。

此致

电工三班×××

××××年××月××日

二、通知与通报

1. **填空。**

（1）通知是____的一种公文。

（2）通报是________________________所使用的一种公文。

（3）通知的特点是：________、________、________、________、________。

（4）通知一般由________、________、________、________和________五部分组成。

（5）通报一般由________、________、________和________四部分组成。

2. **简答。**

通知的正文应注意把哪些内容写清楚？

3. **能力训练。**

（1）今天上午十点半，李老师班上发生了一起生产实习中的工伤事故，而李老师恰好有事未到学校。请代学校学生科给李老师写个通知，请李老师立即赶到学校处理此事。

（2）学校看到学生携带现金到银行排队交费拥挤并且不安全的情况，就与中国建设银行××分理处商定，从本学年开始，学生不用携带现金到银行排队交费了，只需要把本学年应缴费用（学费+住宿费）足额存入中国建设银行储蓄卡（折）中，由中国建设银行××分理处代扣代缴，时间从8月13日起到8月20日止。对于8月23日（星期一）起未缴费的同学，学校将按每日每元0.5‰收取滞纳金；对已经办理助学贷款手续的同学不收取滞纳金。

请根据以上内容，以学校财务处的名义写一则通知。

（3）××月××（星期六）下午四点钟，钳工五班的刘彬找到班长说："班主任叫我告诉你：我们原来决定后天——也就是下星期一下午到车间参观，刚才车间来电话说，这天下午已另有安排，要改在后天上午。班主任叫你马上写个通知，交到学校广播室，让同学们在下星期一上午八点前，一定要穿好劳保服，戴上安全帽，在学校操场集合，八点十分出发。这会儿班上的同学正在篮球场看我们班对一班的篮球比赛呢，球赛完了，他们就要回家了，所以班主任叫你快点写。"班长说："请你快帮我写好交到广播室，我的事还没办完哩。"如果你是刘彬，这个通知怎样写才对？

（4）在市督查办暗访调查中，市（区）发展计划局的干部张弛，热情接待来局办事同志，业务非常熟练，受到了督查办的表扬。市委领导提议机关党委研究后，决定对张弛同志通报表扬并进行物质奖励，同时号召全市机关干部职工，向张弛同志学习，树立公仆意识、争先意识，争当政治坚定、业务精通、作风过硬、廉洁高效、求实创新的计划干部，为推动××市的发展做出自己的贡献。

请根据以上材料，以××市委的名义写一则通报。

（5）指出下面这则通知中存在的毛病。

紧急通知

订于下星期五在学校阶梯教室召开班委扩大会，研究我班的春季植树问题，请有关人员准时到会。

机加工四班班长

××××年××月××日

三、劳动合同

1. 填空。

（1）劳动合同是____

____。

（2）劳动合同一般包括__________、______________________、__________和__________四个部分。

2. 简答。

签订劳动合同应注意哪些事项？

____

____

____

____

____

____

____

____

____

____

____

____

3. 能力训练。

现有××县××乡××村，为了发展农村副业生产，保证市场供应，与该县××工艺社商定产销条件如下，试据此代拟一份合同。

××工艺社今年计划生产草席500条，草帽1 000顶，由××县××乡××村负责组织生产。原料由工艺社负责供给。所有产品的规格、数量必须符合要求，否则将不予收购。双方约定在××月××日前交货，由××工艺社到××县××乡××村的仓库提货，运费由××工艺社承担。草席的收购价格为每条150元，草帽的收购价格为每顶25元。货款于交货之日当面结算，用现金付清。双方保证履行合同的各项规定，如有一方违反合同规定，致使另一方遭受经济损失，由违约方承担赔偿责任。合同自签订之日生效。

____

____

____

____

____

____

4. **实操训练。**

有些用作凭据的应用文，对金额或物品的数量要求用大写的数字表示，试将数字 0 ~ 10 的大写形式用正楷一一写出来。

四、协议书

1. **填空。**

（1）协议书是____。

（2）协议书的订立原则有：__________、__________、__________、__________。

（3）协议书一般由______、__________、______和______四部分组成。

2. **情景写作**。

职业中学即将毕业的学生李华要到铸造厂工作，厂方同意每月负责其食宿，每年安排一次体检并为其交纳社会保险。见习期每月工资 1 000 元，见习期过后每月工资 1 800 元。节假日按法定标准执行。请就此拟定一份就业协议书。

五、总结

1. 填空。

（1）总结是____而写成的应用文书。

（2）总结一般分为__________、_________和__________三部分。

（3）总结的正文部分包括________、________和________三部分。

2. 简答。

写好总结需要注意哪些问题？

____

____

____

____

____

____

3. 情景写作。

（1）任何人在生活、工作、学习方面，总有取得成功的时候，只是有的人获得成功的机会多些，有的人获得成功的机会少些；有的人的成功在学习上，有的人的成功在其他方面。请回顾自己的经历，将你认为是成功的一个侧面或一件事写成一篇总结。

（2）以自己在初中阶段学习语文课的得失为内容，写一篇600字以上的漫谈式总结。要求：① 题目自拟；② 要有典型及具体事例和可信的数据；③ 总结出几条真实的经验与教训。

ISBN 978-7-5121-3042-5

定价：29.00元